Impressum
Verlag: BABADADA GmbH, Nedderfeld 112 , 22529 Hamburg
Geschäftsführer / Verlagsleitung: Harald Hof
Druck: Books on Demand GmbH, In de Tarpen 42, 22848 Norderstedt

Imprint
Publisher: BABADADA GmbH, Nedderfeld 112 , 22529 Hamburg, Germany
Managing Director / Publishing direction: Harald Hof
Print: Books on Demand GmbH, In de Tarpen 42, 22848 Norderstedt

school
Schuel

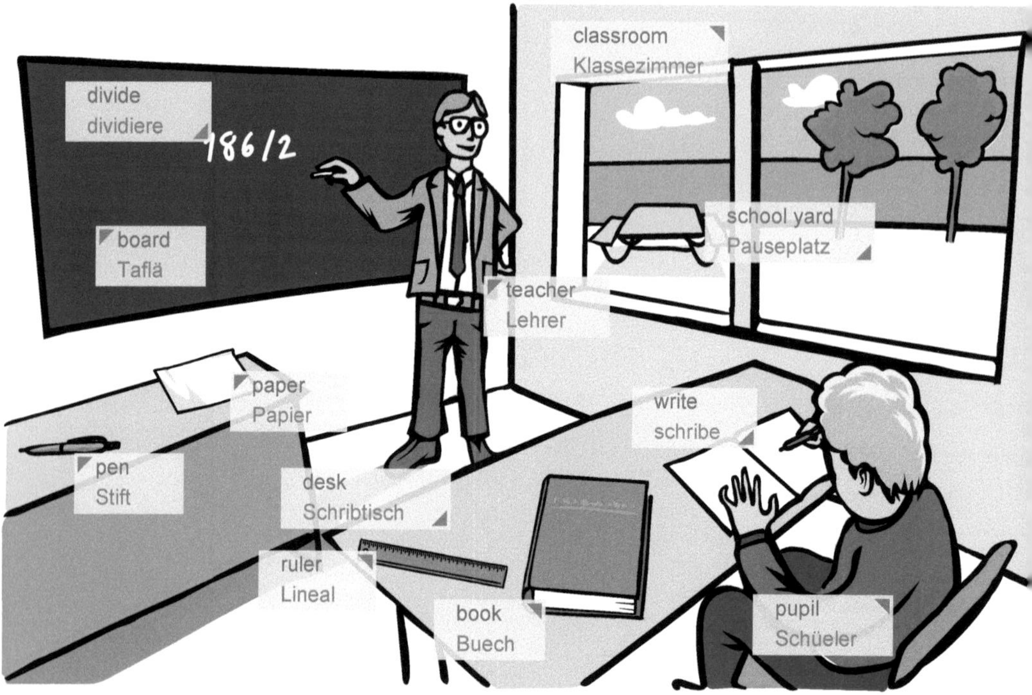

classroom
Klassezimmer
divide
dividiere
186/2
board
Taflä
school yard
Pauseplatz
teacher
Lehrer
paper
Papier
write
schribe
pen
Stift
desk
Schribtisch
ruler
Lineal
book
Buech
pupil
Schüeler

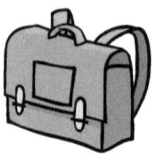

satchel

Thek

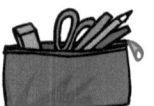

pencil case

Etui

pencil

Bleistift

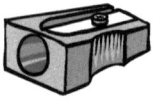

pencil sharpener

Spitzer

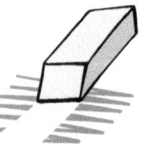

rubber

Radiergummi

drawing pad

Zeicheblock

drawing	paintbrush	paint box
Zeichnig	Pinsel	Malchaschte

scissors	glue	exercise book
Schär	Liim	Üebigsheft
	number	add
homework	Zahl	addiere
Huusufgabe		
subtract	multiply	calculate

subtrahiere	multipliziere	rächne
letter	alphabet	word

Buechstabe	Alphabet	Wort

text
Text

read
läse

chalk
Kriide

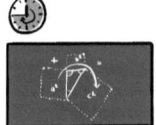

lesson
Lektion

register
Klassäbuech

exam
Prüefig

certificate
Zügnis

school uniform
Schueluniform

education
Usbildig

encyclopedia
Enzyklopädie

university
Universität

microscope
Mikroskop

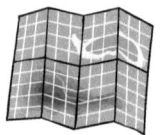

map
Charte

waste-paper basket
Papierchorb

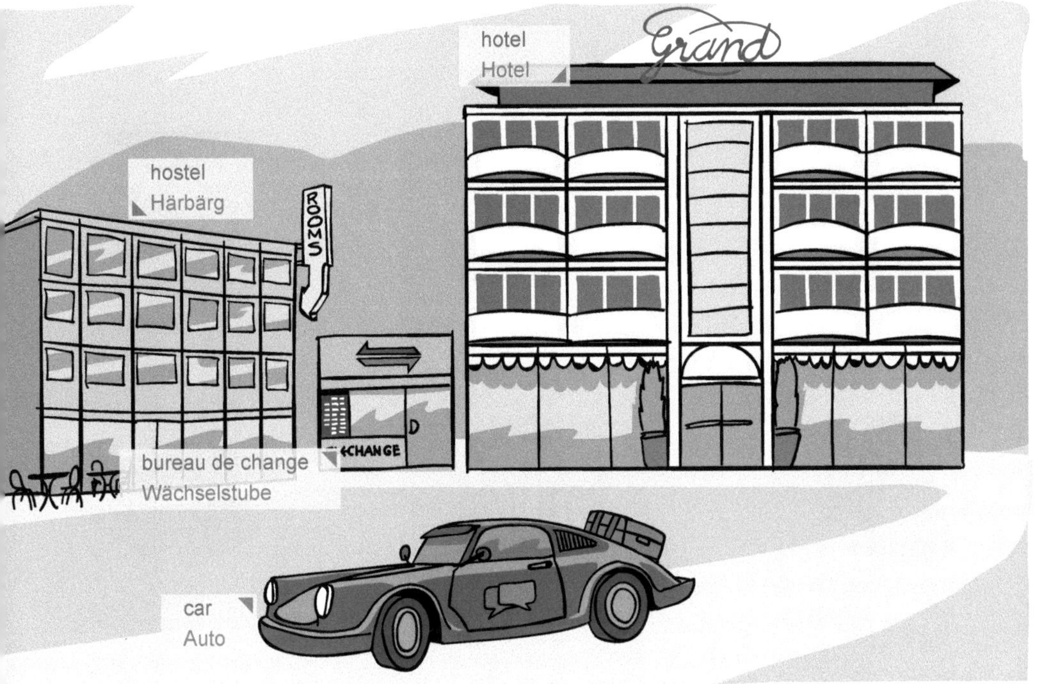

hotel
Hotel

hostel
Härbärg

ROOMS

bureau de change
Wächselstube

ECHANGE

car
Auto

language
Sprach

yes / no
jo / nei

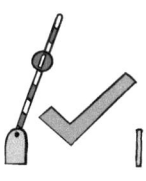

Okay
okay

hello
Hallo

translator
Dolmetscher

Thank you
Dankä

how much is…?

Was chostet…?

I do not understand

Ich vrstahs nöd

problem

Problem

Good evening!

Guete Abig!

Good morning!

guete Morgä!

Good night!

guete Abig!

bye bye

Uf Wiederseh

direction

Richtig

luggage

Bagaasch

bag

Täsche

backpack

Rucksack

guest

Gast

room

Ruum

sleeping bag

Schlafsack

tent

Zält

tourist information
Touristeninformation

beach
Strand

credit card
Kreditkarte

breakfast
Zmorge

lunch
Zmittag

dinner
Znacht

ticket
Billet

lift
Ufzug

stamp
Briefmarke

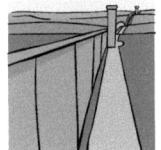

border
Gränze

customs
Zoll

embassy
Botschaft

visa
Visum

passport
Pass

travel - Reis

transport
Transport

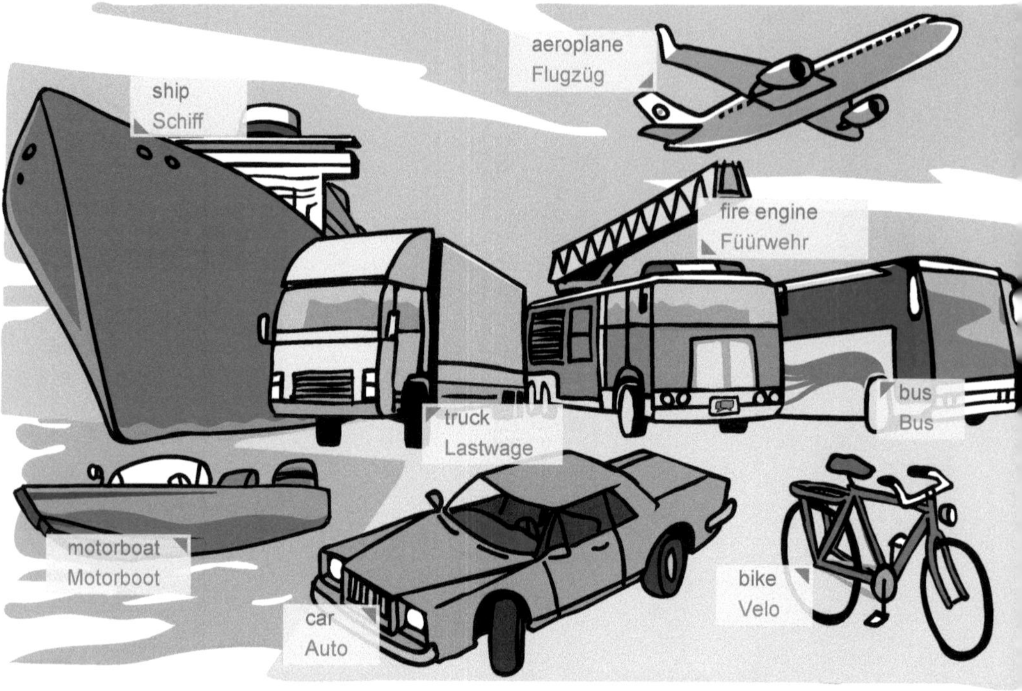
aeroplane
Flugzüg
ship
Schiff
fire engine
Füürwehr
truck
Lastwage
bus
Bus
motorboat
Motorboot
bike
Velo
car
Auto

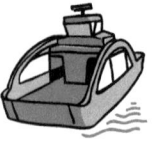

ferry
Fähri

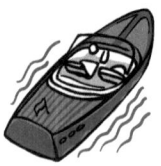

boat
Boot

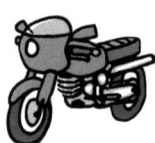

motorbike
Töff

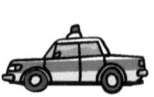

police car
Polizeiauto

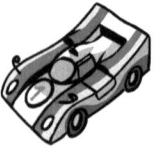

racing car
Rännauto

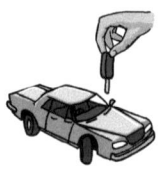

rental car
Mietwage

car sharing

Carsharing

breakdown truck

Abschleppwage

refuse truck

Chübelwage

motor

Motor

fuel

Benzin

petrol station

Tankstell

traffic sign

Verkehrsschild

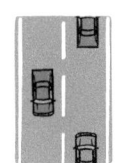

traffic

Verchehr

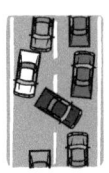

traffic jam

Stau

car park

Parkplatz

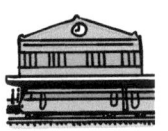

train station

Bahnhof

tracks

Schiene

train

Zug

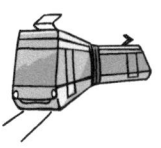

tram

Strassebahn

carriage

Wagon

helicopter

Helikopter

airport

Flughafe

tower

Tower

passenger

Passagier

container

Container

carton

Karton

cart

Chare

basket

Korb

take off / land

starte / lande

city

Stadt

village

Dorf

city centre

Stadtzentrum

house

Huus

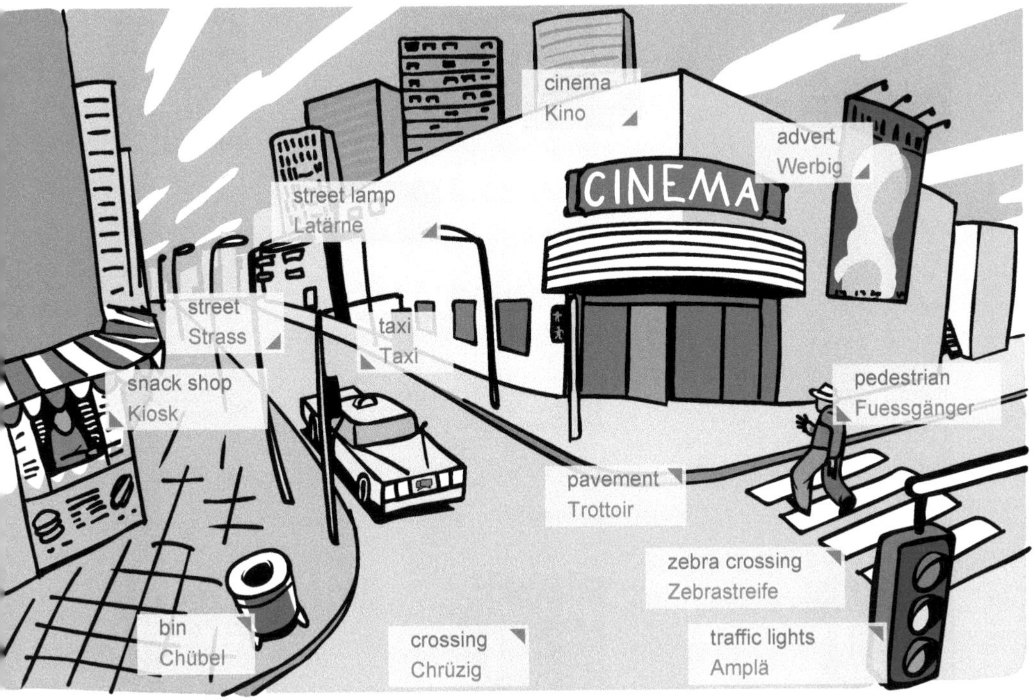

cinema
Kino

advert
Werbig

street lamp
Latärne

CINEMA

street
Strass

taxi
Taxi

snack shop
Kiosk

pedestrian
Fuessgänger

pavement
Trottoir

zebra crossing
Zebrastreife

bin
Chübel

crossing
Chrüzig

traffic lights
Amplä

hut

Hütte

flat

Wohnig

train station

Bahnhof

town hall

Gmeindshuus

museum

Museum

school

Schuel

university
Universität

bank
Bank

hospital
Spital

hotel
Hotel

pharmacy
Apotheke

office
Büro

book shop
Buechgschäft

shop
Gschäft

florist's
Bluemelade

supermarket
Läbensmittellade

market
Märt

department store
Chaufhuus

fishmonger's
Fischhändler

shopping centre
Iihkaufszentrum

harbour
Hafe

park

Park

bench

Bank

bridge

Brugg

stairs

Stäge

underground

U-Bahn

tunnel

Tunnell

bus stop

Bushaltestell

bar

Bar

restaurant

Restaurant

postbox

Briefchastä

street sign

Strasseschild

parking meter

Parkuhr

zoo

Zolli

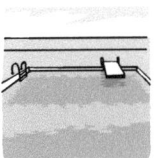

swimming pool

Badi

mosque

Moschee

farm
Buurehof

pollution
Umwältvrschmutzig

graveyard
Fridhof

church
Chile

playground
Spielplatz

temple
Tämpel

landscape
Landschaft

signpost
Wägwiiser

way
Wäg

meadow
Wise

stone
Stei

hiker
Wanderer

tree
Baum

river
Fluss

grass
Gras

flower
Bluamä

valley

Tal

hill

Bärg

lake

See

forest

Wald

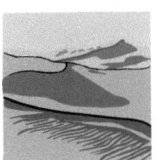

desert

Wüeschti

volcano

Vulkan

castle

Schloss

rainbow

Rägeboge

mushroom

Pilz

palm tree

Palme

mosquito

Moskito

fly

Fliege

ant

Ameise

bee

Biendli

spider

Spinne

beetle

Chäfer

frog

Frosch

squirrel

Eichhörnli

hedgehog

Igel

hare

Haas

owl

Üle

bird

Vogu

swan

Schwan

boar

Wildschwein

deer

Hirsch

moose

Elch

dam

Damm

wind turbine

Windturbine

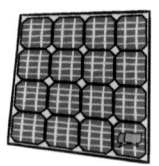

solar panel

Sunnekollektor

climate

Klima

restaurant
Restaurant

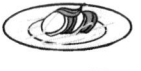

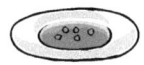

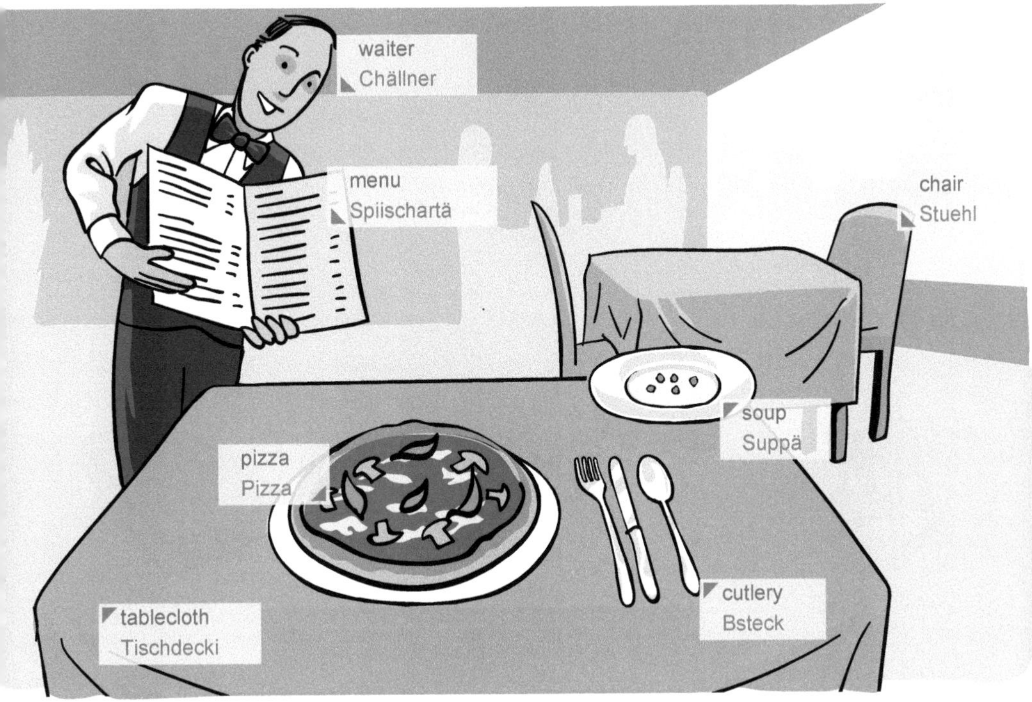

waiter
Chällner
menu
Spiischartä
chair
Stuehl
soup
Suppä
pizza
Pizza
cutlery
Bsteck
tablecloth
Tischdecki

starter
Vorspiies

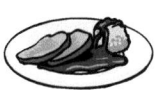

main course
Hauptgricht

dessert
Dessert

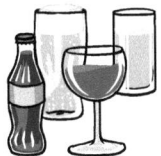

drinks
Getränk

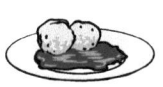

food
Läbensmittel

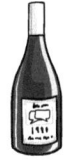

bottle
Fläsche

fast food
Fast Food

street food
Street Food

teapot
Teechanne

sugar bowl
Zuckerdosä

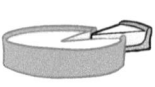

portion
Portion

espresso machine
Espressomaschine

high chair
Hochstuehl

bill
Rächnig

tray
Tablett

knife
Mässer

fork
Gable

spoon
Löffel

teaspoon
Teelöffel

serviette
Serviette

glass
Glas

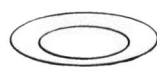

plate
Täller

soup plate
Suppetällär

saucer
Untertasse

sauce
Sose

salt pot
Salzstreuer

pepper mill
Pfäffermühli

vinegar
Essig

oil
Öl

spices
Gwürz

ketchup
Ketchup

mustard
Sänf

mayonnaise
Mayonnaise

supermarket
Läbensmittellade

special offer
Ahgebot
FOR
customer
Chund
dairy
Milchprodukt
fruit
Frücht
trolley
lichaufswage

BUTCHERS

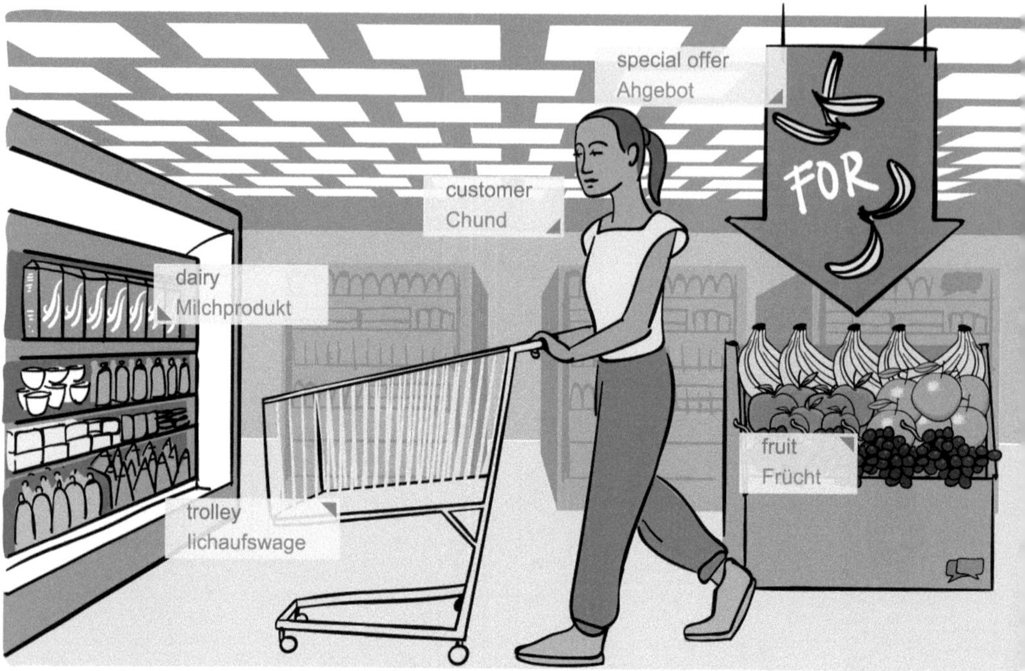

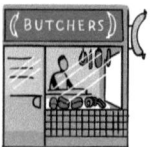

butcher´s

Schlachter

BAKERY

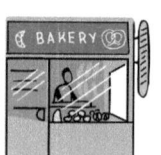

baker´s

Beck

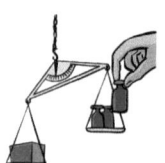

weigh

wiege

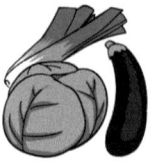

vegetables

Gmües

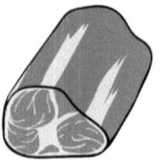

meat

Fleisch

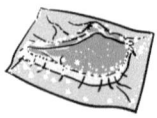

frozen food

Tiefkühlprodukt

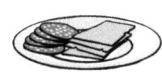

cold meat

Ufschnitt

tinned food

die Konsärve

washing powder

Wöschmittel

sweets

Süessigkeite

household products

Huushaltartikel

cleaning products

Putzmittel

salesperson

Verchäuferin

till

Kassä

cashier

Kassierer

shopping list

Ihchaufsliste

opening hours

Öffnigszite

wallet

das Portemonnaie

credit card

Kreditkarte

bag

Täsche

plastic bag

Plastiksack

water

Wasser

juice

Saft

milk

Milch

coke

Cola

wine

Wii

beer

Bier

alcohol

Alkohol

cocoa

Ovi

tea

Tee

coffee

Kafi

espresso

Espresso

cappuccino

Cappuccino

banana

Banane

apple

Öpfel

orange

Orange

melon

Melone

lemon

Zitrone

carrot

Rüebli

garlic

Chnoobli

bamboo

Bambus

onion

Zwiblä

mushroom

Pilz

nuts

Nüss

noodles

Nudle

spaghetti

Spaghetti

rice

Riis

salad

Salat

chips

Pommfrit

fried potatoes

Bratherdöpfel

pizza

Pizza

hamburger

Hamburgär

sandwich

Sandwich

cutlet

Gotlett

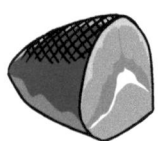

ham

Schinkä

salami

Salami

sausage

Würschtli

chicken

Huehn

roast

Bratä

fish

Fisch

porridge oats

Haferflocke

muesli

Müesli

cornflakes

Cornflakes

flour

Mähl

croissant

Gipfeli

bread roll

Brötli

bread

Brot

toast

Toscht

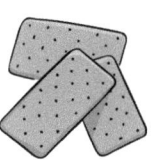

biscuits

Guetzli

butter

Butter

curd

Quark

cake

Chueche

egg

Ei

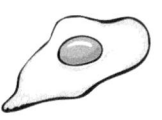

fried egg

Spiegelei

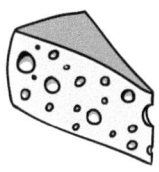

cheese

Chäs

ice cream

Glace

sugar

Zucker

honey

Honig

jam

Gonfi

chocolate spread

Nougat-Creme

curry

Curry

farm
Buurehof

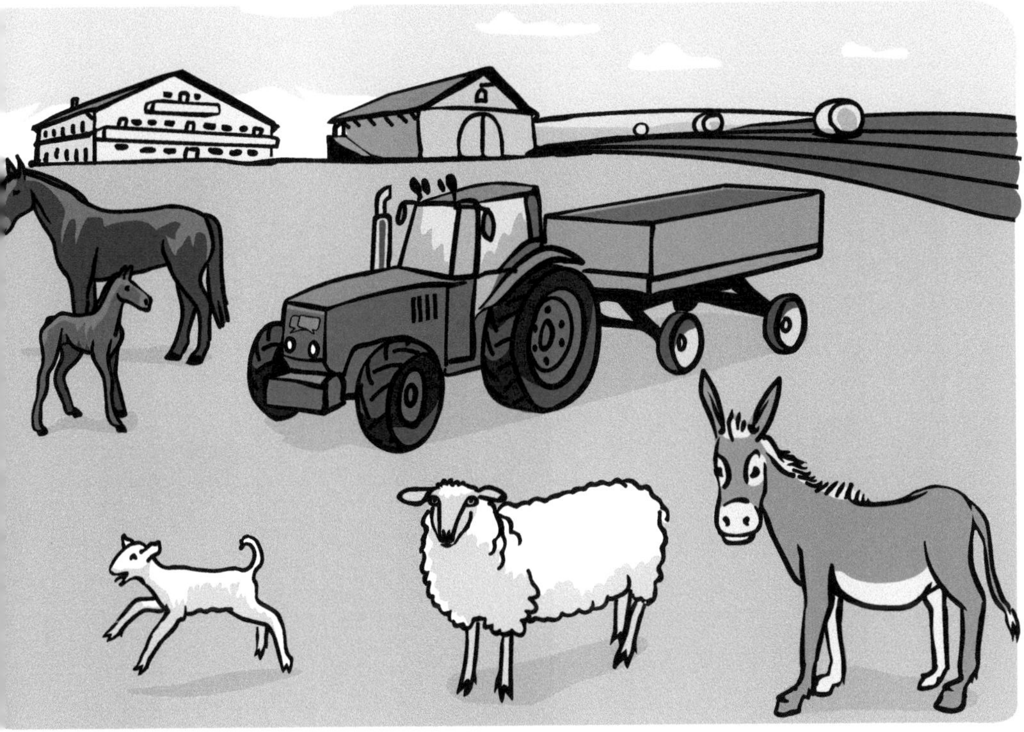

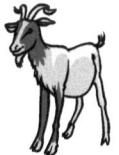

goat

Geiss

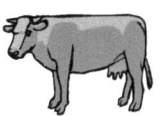

cow

Chueh

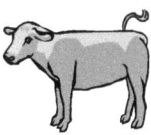

calf

Chalb

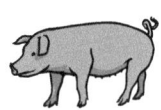

pig

Sau

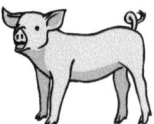

piglet

Ferkel

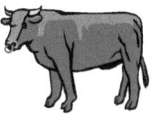

bull

Rind

goose

Gans

duck

Änte

chick

Küke

hen

Huähn

cock

Güggel

rat

Ratte

cat

Chatz

mouse

Muus

ox

Ochse

dog

Hund

doghouse

Hundehütte

garden hose

Garteschluuch

watering can

Giesschanne

scythe

Sägese

plough

Pflueg

sickle

Sichel

hoe

Hacke

pitchfork

Heugable

axe

Axt

wheelbarrow

Garette

trough

Trog

milk can

Milchchanne

sack

Sack

fence

Haag

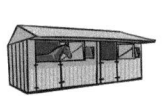

stable

Gadä

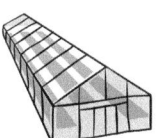

greenhouse

Gwächshuus

soil

Bode

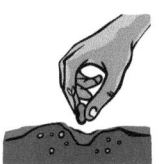

seed

Soome

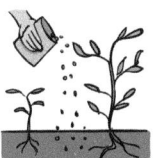

fertilizer

Dünger

combine harvester

Mähdrescher

harvest

ärnte

harvest

Ärnte

yams

Yamswurzle

wheat

Weize

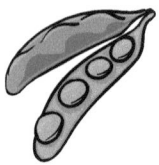

soy

Soja

potato

Härdöpfel

corn

Mais

rapeseed

Raps

fruit tree

Obstbaum

cassava

Maniok

cereals

Getreide

living room
....
Stubä

bathroom
....
Badzimmer

kitchen
....
Chuchi

bedroom
....
Schlofzimmer

child's room
....
Chinderzimmer

dining room
....
Ässzimmer

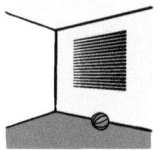

floor

Bodä

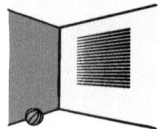

wall

Wand

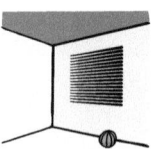

ceiling

Decki

cellar

Chäller

sauna

Sauna

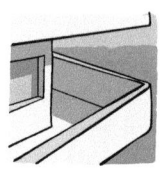

balcony

Balkon

terrace

Terasse

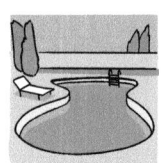

pool

Pool

lawn mower

Rasemäier

sheet

Bettbezug

bedspread

Bettdecki

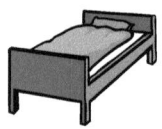

bed

Bett

broom

Bäse

bucket

Chübel

switch

Schalter

living room
Stubä

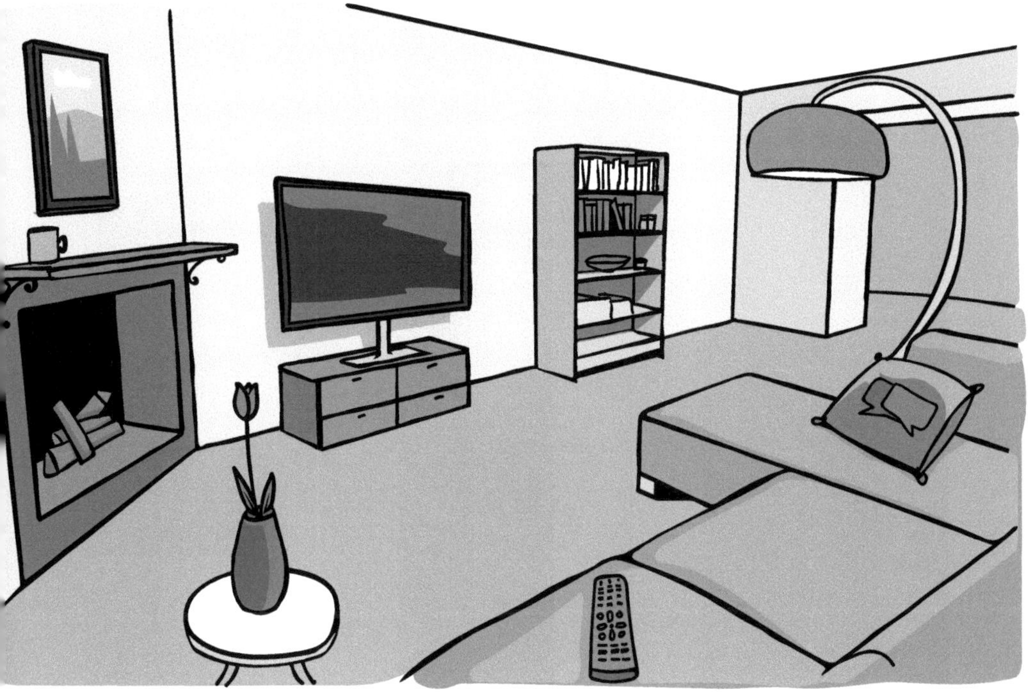

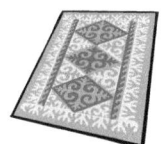

carpet

Teppich

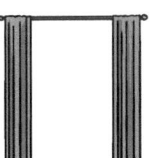

curtain

Vorhang

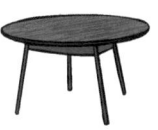

table

Tisch

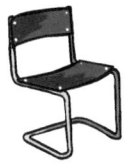

chair

Stuehl

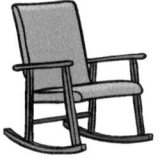

rocking chair

Schaukelstuehl

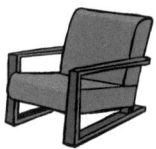

armchair

Sässel

book
....
Buech

blanket
....
Decki

decoration
....
Dekoration

firewood
....
Füürholz

film
....
Film

hi-fi equipment
....
Stereoahlag

key
....
Schlüssel

newspaper
....
Ziitig

painting
....
Bild

poster
....
Poster

radio
....
Radio

notepad
....
Notizblock

hoover
....
Staubsuuger

cactus
....
Kaktus

candle
....
Chärze

kitchen
Chuchi

fridge
Chüelschrank
microwave oven
Mikrowällä
kitchen scales
Chuchiwaag
toaster
Toaster
detergent
Wöschmittel
oven
Ofä
freezer
Gfrierfach
dishwasher
Gschirrspüeler

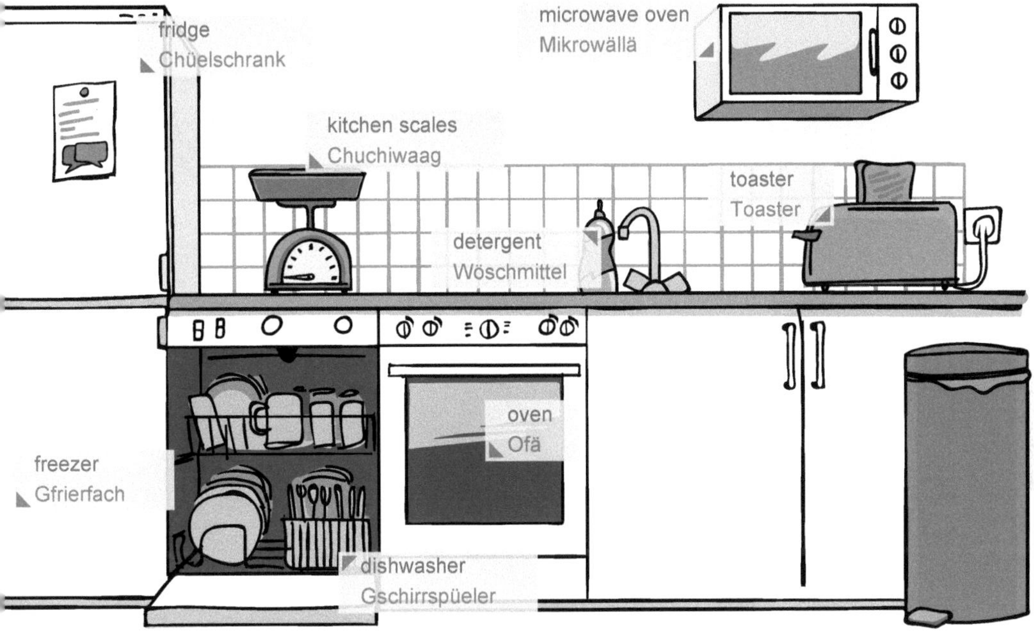

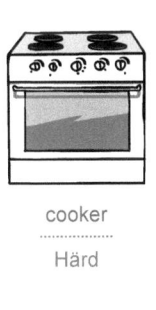

cooker

Härd

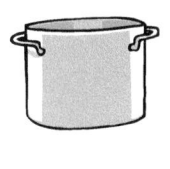

pot

Topf

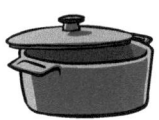

cast-iron pot

Iisetopf

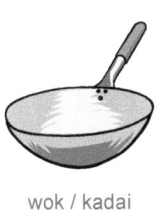

wok / kadai

Wok / Kadai

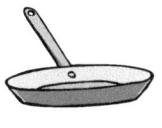

pan

Pfanne

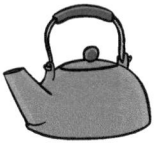

kettle

Wasserchocher

steamer

Dampfer

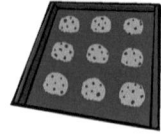

baking tray

Bachbläch

crockery

Gschirr

mug

Bächer

bowl

Schale

chopsticks

Stäbli

ladle

Suppechellä

spatula

Pfannewänder

whisk

Schneebäse

strainer

Sieb

sieve

Sieb

grater

Raffle

mortar

Mörser

barbecue

Grill

open fire

Füürstell

chopping board

Schniidbrätt

rolling pin

Nudelholz

corkscrew

Korkäzieher

can

Dosä

can opener

Dosäöffner

pot holder

Topflappä

sink

Wöschbecki

brush

Bürste

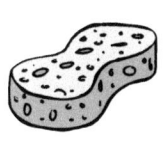

sponge

Schwumm

blender

Mixer

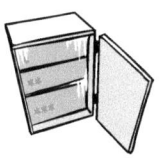

deep freezer

Gfrierschrank

baby bottle

Babyfläschli

tap

Hahnä

bathroom
Badzimmer

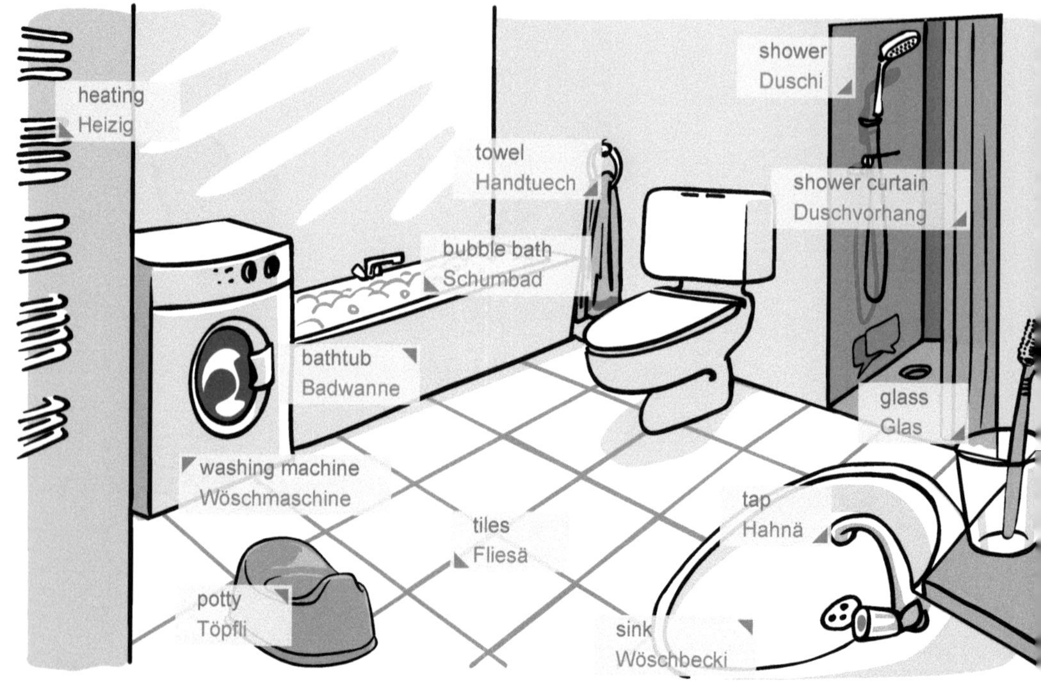

heating
Heizig
towel
Handtuech
shower
Duschi
shower curtain
Duschvorhang
bubble bath
Schumbad
bathtub
Badwanne
washing machine
Wöschmaschine
glass
Glas
tap
Hahnä
tiles
Fliesä
potty
Töpfli
sink
Wöschbecki

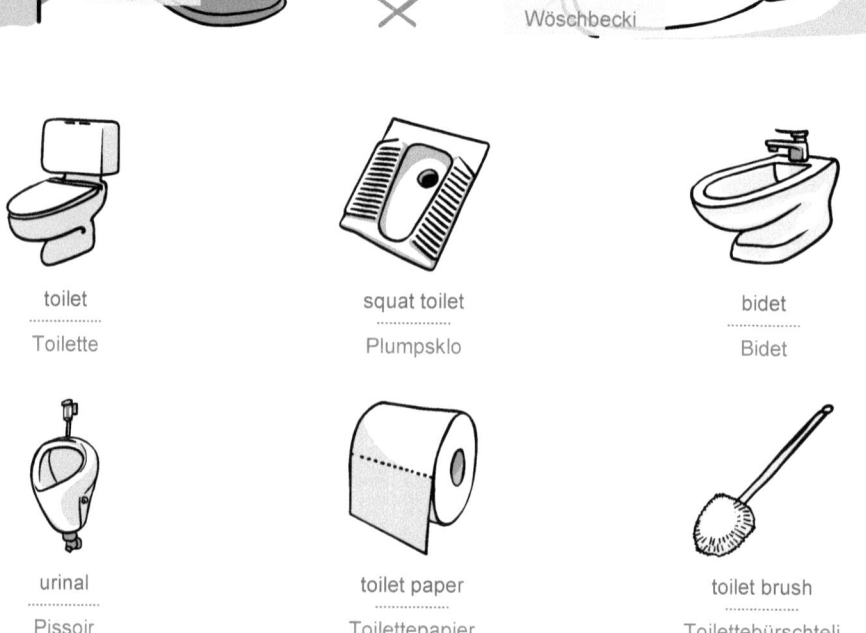

toilet
Toilette

squat toilet
Plumpsklo

bidet
Bidet

urinal
Pissoir

toilet paper
Toilettepapier

toilet brush
Toilettebürschteli

toothbrush

Zahbürstä

toothpaste

Zahpasta

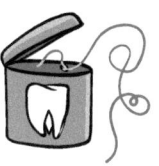

dental floss

Zahnsiide

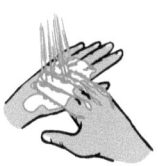

wash

wäsche

handheld shower

Handduschi

douche

Intiimduschi

basin

Wöschbecki

back brush

Ruggäbürste

soap

Seifä

shower gel

Duschgel

shampoo

Shampoo

flannel

Waschlappä

drain

Abfluss

cream

Creme

deodorant

Deo

mirror

Spiegel

hand mirror

Handspiegel

razor

Rasierer

shaving foam

Rasierschuum

aftershave

Aftershave

comb

Schträäl

brush

Bürstä

hair dryer

Föhn

hairspray

Hoorspray

makeup

Makeup

lipstick

Lippestift

nail varnish

Nagellack

cotton wool

Wattä

nail scissors

Nagelscher

perfume

Parfum

washbag

Necessaire

stool

Schemel

weighing scale

Waag

bathrobe

Badmantel

rubber gloves

Gummihändscheh

tampon

Tampon

sanitary towel

Damebinde

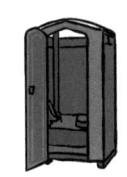

chemical toilet

chemischi Toilette

child's room
Chinderzimmer

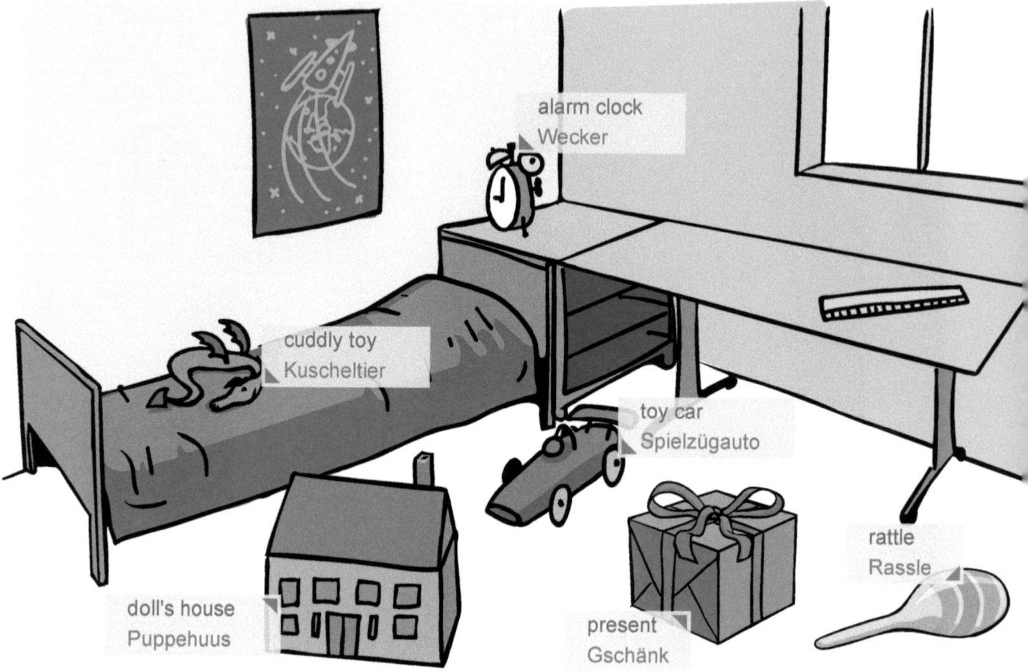
alarm clock
Wecker
cuddly toy
Kuscheltier
toy car
Spielzügauto
rattle
Rassle
doll's house
Puppehuus
present
Gschänk

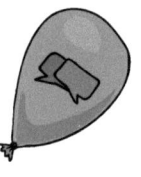

balloon

Ballon

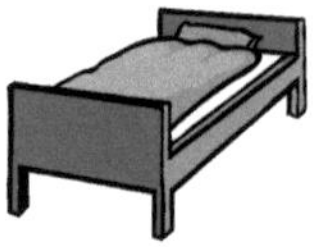

bed

Bett

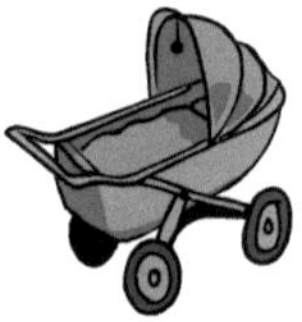

pram

Chinderwage

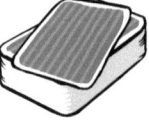

deck of cards

Chartespiel

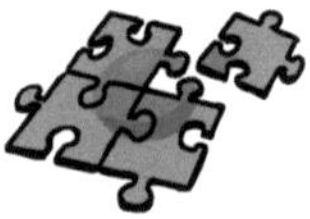

jigsaw

Puzzle

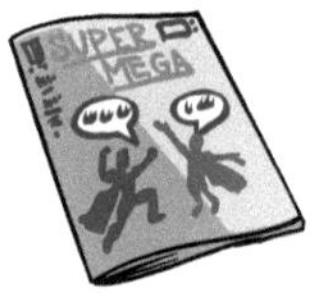
SUPER MEGA

comic

Comic

lego bricks

Legos

building blocks

Baustei

action figure

Action Figur

babygrow

Strampli

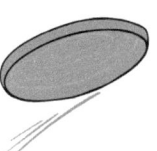

frisbee

Frisbee

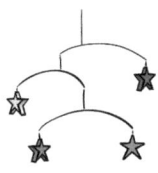

mobile

Mobile

board game

Brättspiel

dice

Würfäl

model train set

Modellisebahn

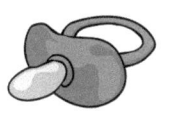

dummy

Nuggi

party

Party

picture book

Bilderbuch

ball

Ball

doll

Puppä

play

spiele

sandpit

Sandchaschte

swing

Gigampfi

toys

Spielzüg

video game console

Videospielkonsole

tricycle

Dreirad

teddy bear

Teddy

wardrobe

Chleiderschrank

clothing
Chleidig

socks

Sockä

stockings

Strümpf

tights

Strumpfhosä

scarf
Schal

belt
Gürtel

umbrella
Rägeschirm

t-shirt
T-Shirt

trainers
Turnschueh

boots
Stiefel

slippers
Badschlappe

sandals
Sandalä

shoes
Schueh

rubber boots
Gummistiefel

underpants
Untrhosä

bra
BH

vest
Underlibli

body

Body

trousers

Hosä

jeans

Jeans

skirt

Rock

blouse

Bluse

shirt

Hömli

pullover

Pulli

hoodie

Kapuzepulli

blazer

Blazer

jacket

Jacke

coat

Mantel

raincoat

Rägämantel

costume

Chostüm

dress

Chleid

wedding dress

Hochziitskleid

suit

Ahzug

nightgown

Nachthömli

pyjamas

Pyjama

sari

Sari

headscarf

Chopftuäch

turban

Turban

burqa

Burka

kaftan

Kaftan

abaya

Abaya

swimsuit

Badchleid

trunks

Badhose

shorts

churzi Hosä

tracksuit

Trainer

apron

Schürze

gloves

Händsche

button

Chnopf

glasses

Brüllä

bracelet

Armband

necklace

Chetti

ring

Ring

earring

Ohrering

cap

Chappe

coat hanger

Chleiderbügel

hat

Huet

tie

Grawattä

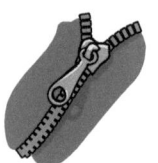

zip

Riissverschluss

helmet

Helm

braces

Hosäträger

school uniform

Schueluniform

uniform

Uniform

bib

Lätzli

dummy

Nuggi

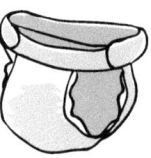

nappy

Windle

office

Büro

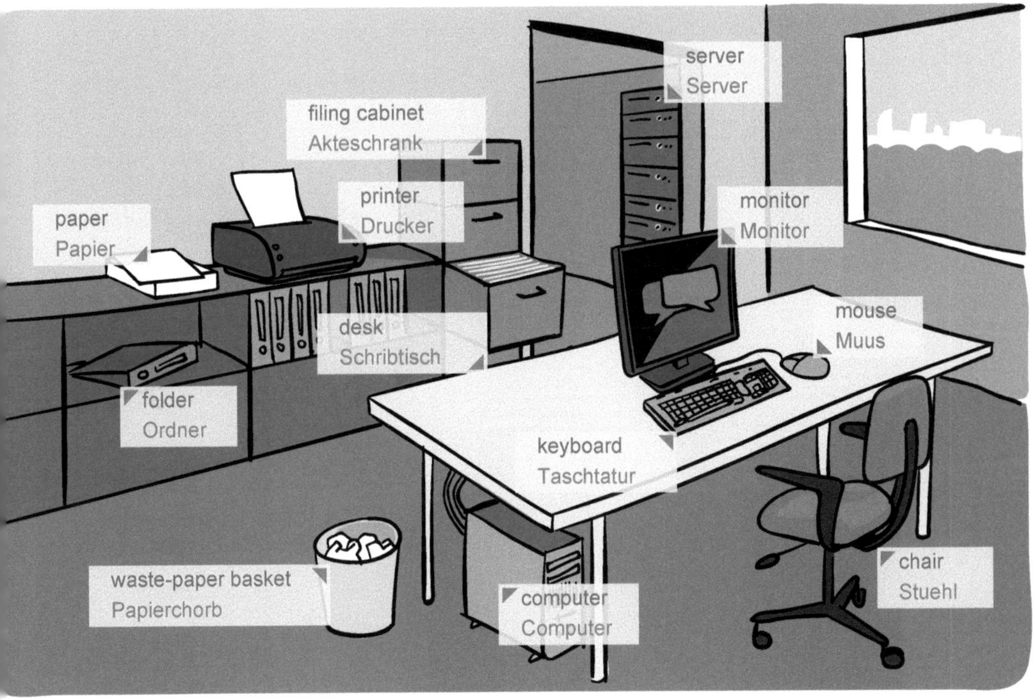

server
Server

filing cabinet
Akteschrank

printer
Drucker

paper
Papier

monitor
Monitor

mouse
Muus

desk
Schribtisch

folder
Ordner

keyboard
Taschtatur

chair
Stuehl

waste-paper basket
Papierchorb

computer
Computer

coffee mug

Kafibächer

calculator

Tascherächner

internet

Internet

laptop

Laptop

letter

Brief

message

Nochricht

mobile

Mobiltelefon

network

Netzwärk

photocopier

Kopierer

software

Software

telephone

Telefon

plug socket

Steckdosä

fax machine

Fax

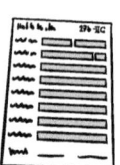

form

Formular

document

Dokumänt

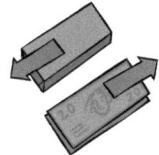

buy

chaufe

pay

zahle

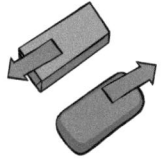

trade

handle

money

Gäld

dollar

Dollar

euro

Euro

yen

Yen

rouble

Rubel

Swiss franc

Frankä

renminbi yuan

Renminbi Yuan

rupee

Rupie

cashpoint

Gäldautomat

bureau de change

Wächselstube

gold

Gold

silver

Silber

oil

Öl

energy

Energie

price

Priis

contract

Vertrag

tax

Stüür

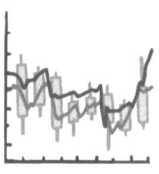

stock

Aktie

work

schaffe

employee

Mitarbeiter

employer

Arbeitgeber

factory

Fabrik

shop

Gschäft

occupations
Brüef

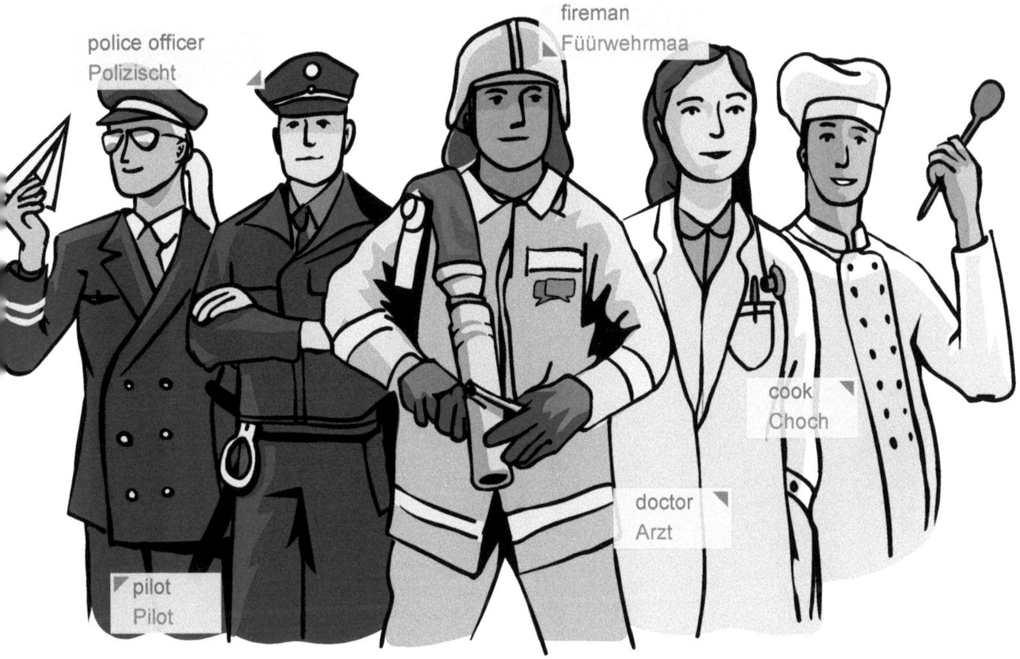
police officer
Polizischt
fireman
Füürwehrmaa
cook
Choch
doctor
Arzt
pilot
Pilot

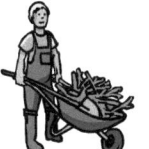

gardener
Gärtner

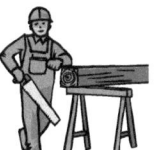

carpenter
Zimmermah

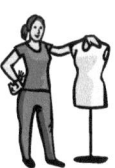

seamstress
Näheri

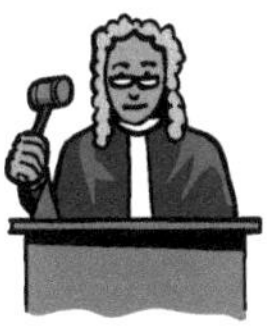

judge
Richter

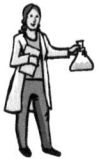

chemist
Chemiker

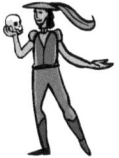

actor
Darsteller

bus driver

Busfahrer

taxi driver

Taxifahrer

fisherman

Fischer

cleaning lady

Putzfrau

roofer

Dachdecker

waiter

Chällner

hunter

Jäger

painter

Moler

baker

Bäcker

electrician

Elektriker

builder

Bauarbeiter

engineer

Ingenieur

butcher

Schlachter

plumber

Klämpner

postman

Pöschtler

occupations - Brüef

soldier

Soldat

architect

Architekt

cashier

Kassierer

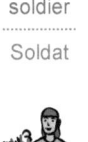

florist

Florischt

hairdresser

Frisör

conductor

Kontrolleur

mechanic

Mechaniker

captain

Kapitän

dentist

Zahnarzt

scientist

Wüsseschaftler

rabbi

Rabbi

imam

Imam

monk

Mönch

clergyman

Pfarrer

tools
Werkzüüg

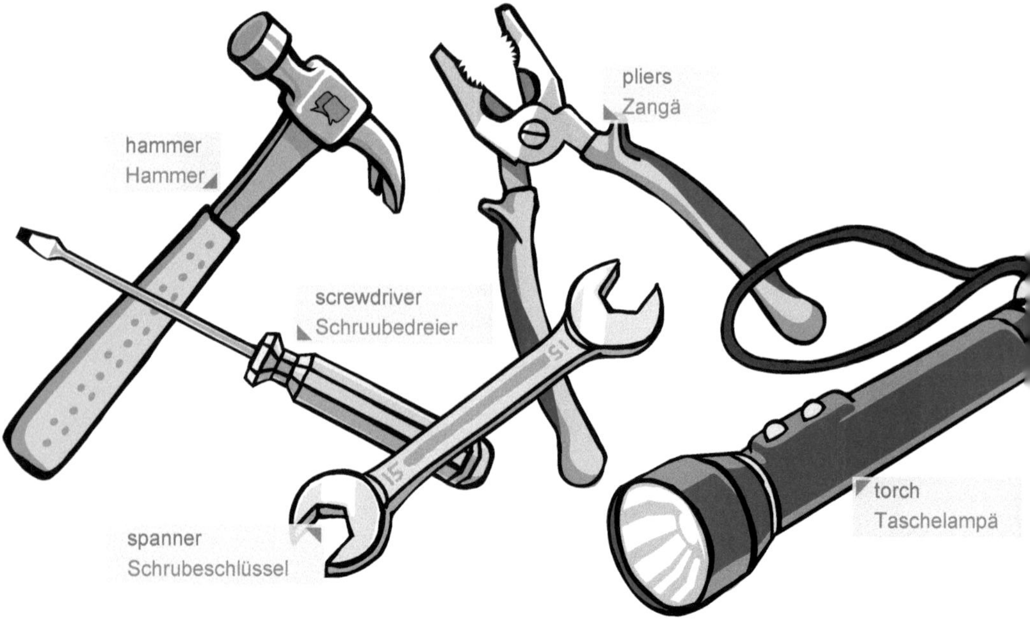
pliers
Zangä
hammer
Hammer
screwdriver
Schruubedreier
torch
Taschelampä
spanner
Schrubeschlüssel

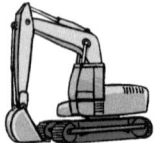

digger

Bagger

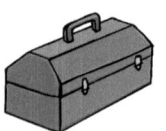

toolbox

Werkzüügchaschte

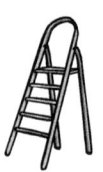

ladder

Leitere

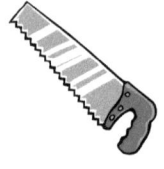

saw

Sagi

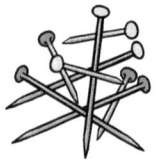

nails

Negel

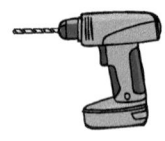

drill

Bohrer

repair
flicke

shovel
Schufle

Damn!
Mischt!

dustpan
Ascheschufle

paint pot
Farbchübel

screws
Schruube

musical instruments
Musiginstrumänt

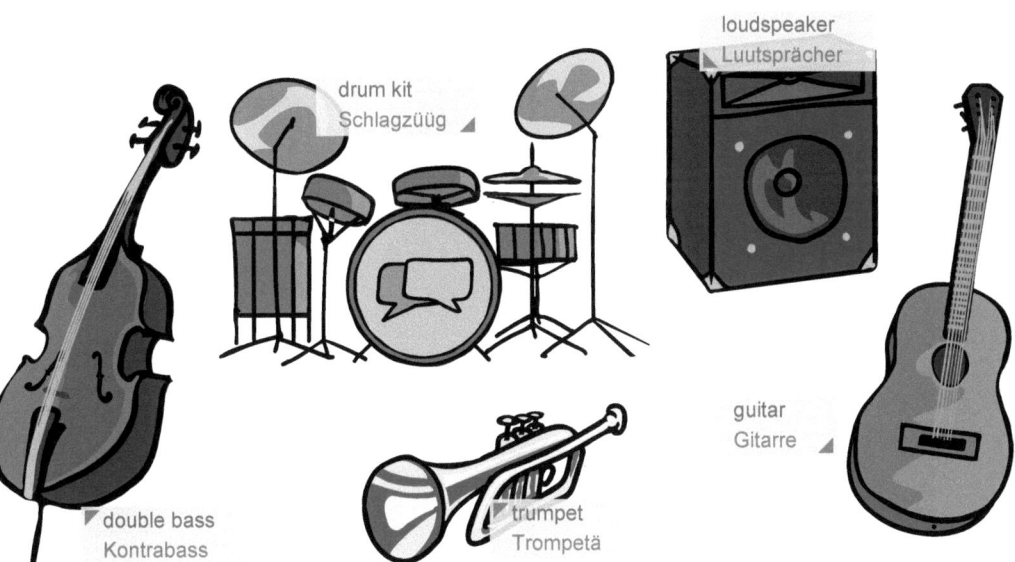

loudspeaker
Luutsprächer

drum kit
Schlagzüüg

guitar
Gitarre

double bass
Kontrabass

trumpet
Trompetä

piano

Klavier

violin

Violine

bass

Bass

timpani

Pauke

drums

Trummle

keyboard

Keyboard

saxophone

Saxophon

flute

Flöte

microphone

Mikrofon

ZOO
Zolli

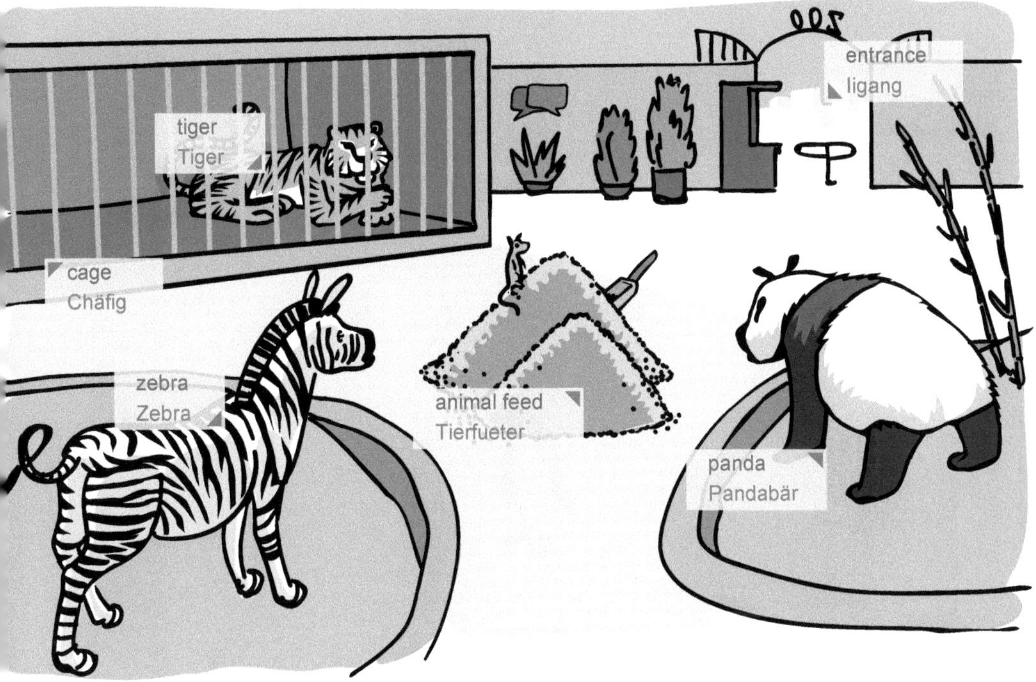
entrance
ligang
tiger
Tiger
cage
Chäfig
zebra
Zebra
animal feed
Tierfueter
panda
Pandabär

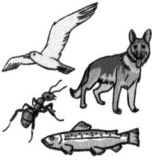

animals

Tier

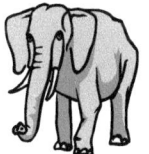

elephant

Elefant

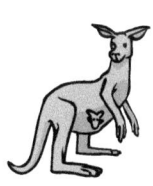

kangaroo

Känguru

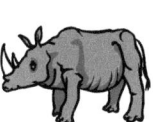

rhino

Nashorn

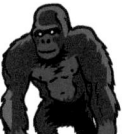

gorilla

Gorilla

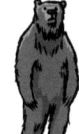

bear

Bär

camel

Kamel

ostrich

Struss

lion

Leu

monkey

Aff

flamingo

Flamingo

parrot

Papagei

polar bear

Iisbär

penguin

Pinguin

shark

Hai

peacock

Pfau

snake

Schlangä

crocodile

Krokodil

zookeeper

Zoowärter

seal

Robbä

jaguar

Jaguar

zoo - Zolli

pony
Pony

leopard
Leopard

hippo
Nilpfärd

giraffe
Giraff

eagle
Adler

boar
Wildschwein

fish
Fisch

turtle
Schildkrot

walrus
Walross

fox
Fuchs

gazelle
Gazelle

American football
American Football

cycling
Velofahre

tennis
Tennis

basketball
Basketball

swimming
Schwümmä

ice hockey
Iishockey

boxing
Boxä

football
Fuessball

badminton
Badminton

athletics
Liechtathletik

handball
Handball

skiing
Skifahre

polo
Polo

activities
Aktivitäte

laugh
lachä
jump
springä
hug
umarme
walk
gah
sing
singe
dream
troime
pray
bätte
kiss
küssä

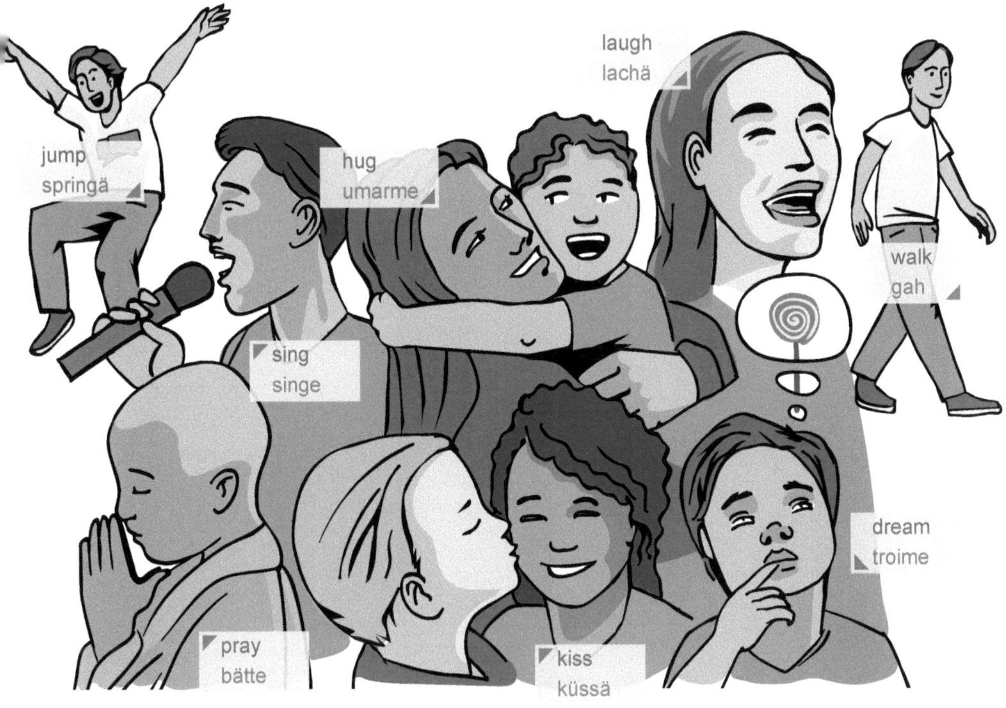

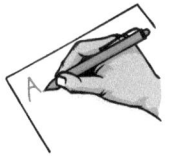

write
schribe

draw
zeichne

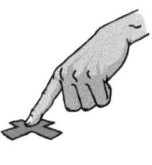

show
zeige

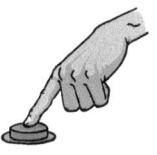

push
schiebe

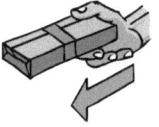

give
gäh

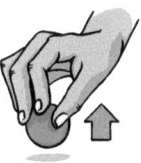

take
näh

have

händ

do

mache

be

sy

stand

stah

run

laufe

pull

zieh

throw

rüerä

fall

fallä

lie

ligge

wait

warte

carry

träge

sit

sitze

get dressed

ahzieh

sleep

schlafe

wake up

ufwache

look at

ahluege

cry

brüele

stroke

striichle

comb

bürste

talk

redä

understand

verschtah

ask

froog

listen

lose

drink

trinke

eat

ässe

tidy up

ufruume

love

liebe

cook

chochä

drive

fahre

fly

flüge

activities - Aktivitäte

sail
segle

calculate
rächne

read
läse

learn
leerä

work
schaffe

marry
hürate

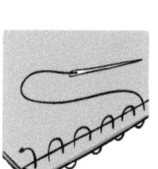

sew
näije

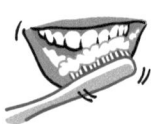

brush teeth
Zäh putze

kill
töte

smoke
schlootä

send
sände

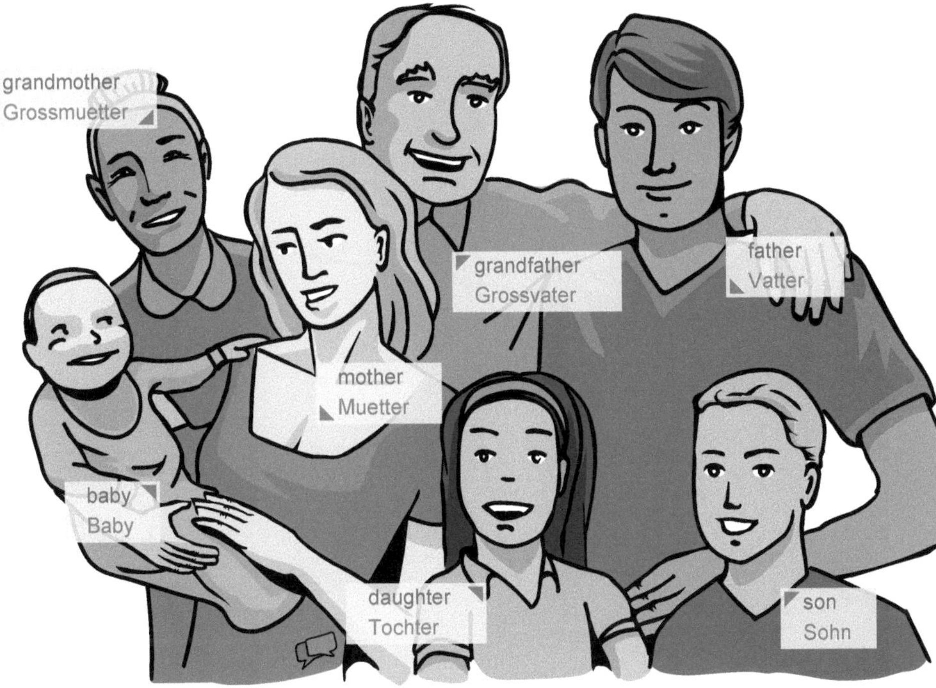

grandmother
Grossmuetter

grandfather
Grossvater

father
Vatter

mother
Muetter

baby
Baby

daughter
Tochter

son
Sohn

guest

Gast

aunt

Tante

uncle

Unkel

brother

Brüeder

sister

Schwöschter

body
Körpär

forehead
Stirn
eye
Aug
shoulder
Schultere
finger
Fingär
face
Gsicht
chin
Chüni
hand
Hand
leg
Bei
breast
Bruscht
arm
Arm

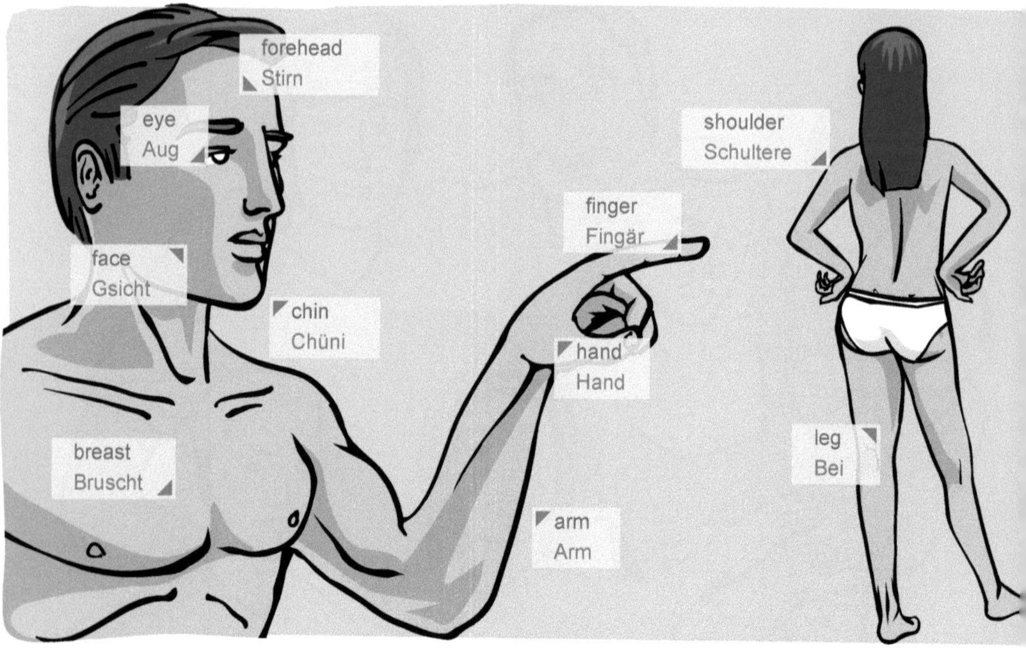

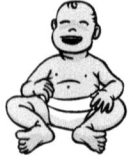

baby
Baby

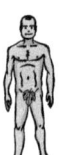

man
Mah

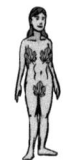

woman
Frau

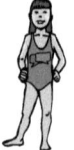

girl
Meitli

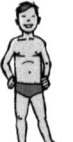

boy
Bueb

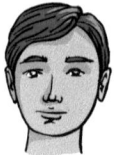

head
Chopf

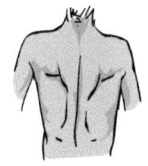

back
Ruggä

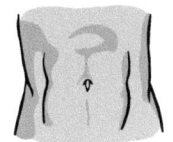

belly
Buuch

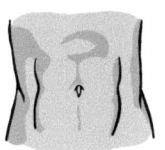

belly button
Buchnabel

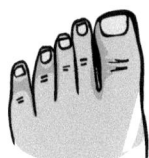

toe
Zäche

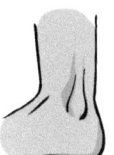

heel
Fersä

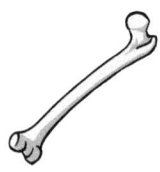

bone
Knoche

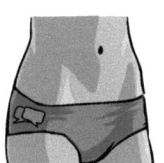

hip
Hüfte

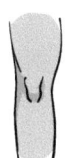

knee
Chnü

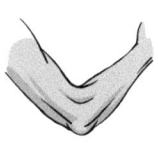

elbow
Ellbogä

nose
Nase

bottom
Füdli

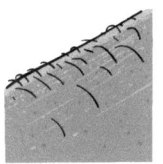

skin
Hut

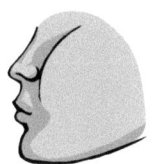

cheek
Bagge

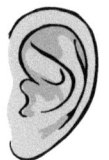

ear
Ohr

lip
Lippe

mouth

Muul

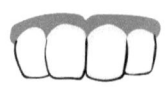

tooth

Zah

tongue

Zungä

brain

Hirni

heart

Härz

muscle

Muskel

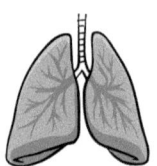

lung

Lungä

liver

Läberä

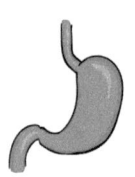

stomach

Magen

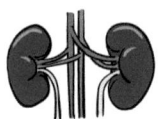

kidneys

Nierä

sex

Gschlächtsvrkehr

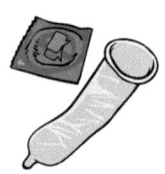

condom

Kondom

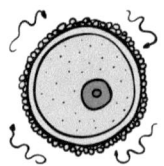

ovum

Eizälle

semen

Soome

pregnancy

Schwangerschaft

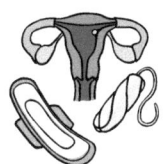

menstruation

Menstruation

vagina

Vagina

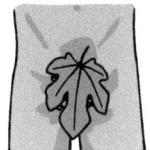

penis

Penis

eyebrow

Augebrauä

hair

Haar

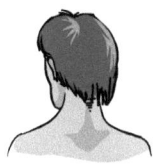

neck

Hals

hospital

Spital

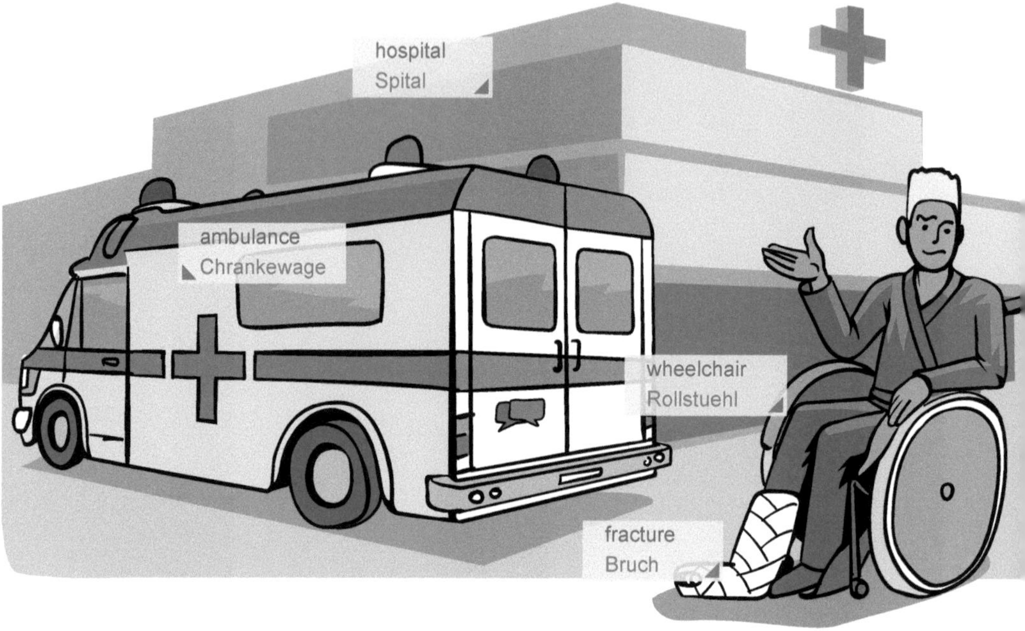

hospital
Spital
ambulance
Chrankewage
wheelchair
Rollstuehl
fracture
Bruch

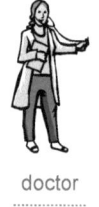

doctor

Arzt

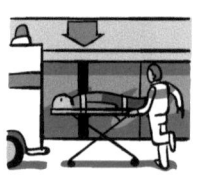

emergency room

Notufnahm

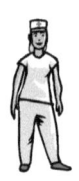

nurse

Chrankeschwöschter

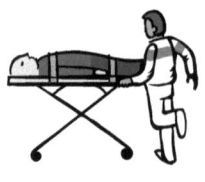

emergency

Notfall

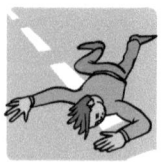

unconscious

ohnmächtig

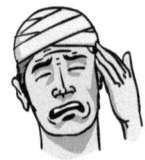

pain

Schmärz

injury

Verletzig

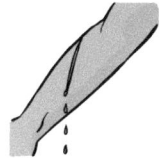

bleeding

Bluätig

heart attack

Härzinfarkt

stroke

Schlagahfall

allergy

Allergie

cough

Hueschtä

fever

Fieber

flu

Grippe

diarrhoea

Durchfall

headache

Kopfschmärze

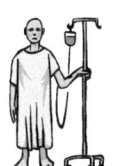

cancer

Kräbs

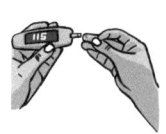

diabetes

Diabetes

surgeon

Chirurg

scalpel

Skalpell

operation

Operation

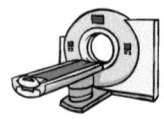

CT

CT

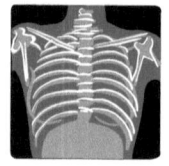

x-ray

Röntgä

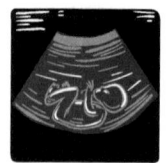

ultrasound

Ultraschall

face mask

Gsichtsmaske

disease

Krankhet

waiting room

Wartezimmer

crutch

Krückä

plaster

Pflaster

bandage

Vrband

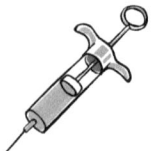

injection

Injektion

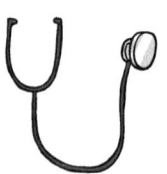

stethoscope

Stethoskop

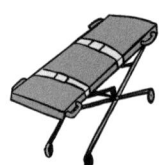

stretcher

Trage

clinical thermometer

Thermometer

birth

Geburt

overweight

Übergwicht

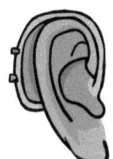

hearing aid

Hörgrät

disinfectant

Desinfektionsmittel

infection

Infektion

virus

Virus

HIV / AIDS

HIV / AIDS

medicine

Medizin

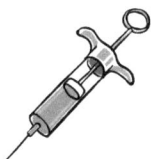

vaccination

Impfig

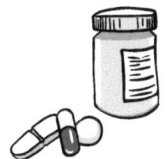

tablets

Tablette

pill

Pille

emergency call

Notruef

blood pressure monitor

Bluetdruck-Mässgrät

ill / healthy

chrank / gsund

Help!
Hiufe!

alarm
Alarm

assault
Überfall

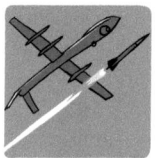

attack
Ahgriff

danger
Gfohr

emergency exit
Notuusgang

Fire!
Füür!

fire extinguisher
Füürlöscher

accident
Unfall

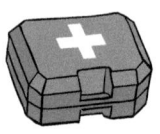

first-aid kit
Ersti-Hilf-Koffer

SOS
SOS

police
Polizei

Europe

Europa

North America

Nordamerika

South America

Südamerika

Africa

Afrika

Asia

Asie

Australia

Auschtralie

Atlantic

Atlantik

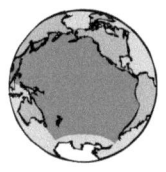

Pacific

Pazifik

Indian Ocean

Indische Ozean

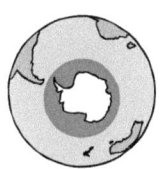

Antarctic Ocean

Antarktische Ozean

Arctic Ocean

Arktische Ozean

North Pole

Nordpol

South Pole
Südpol

Antarctica
Antarktis

Earth
Ärde

land
Land

sea
Meer

island
Inslä

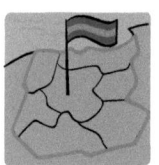

nation
Nation

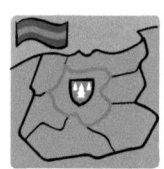

state
Staat

clock face

Ziffereblatt

hour hand

Stundezeiger

minute hand

Minutezeiger

second hand

Sekundezeiger

What time is it?

Wie spaht isch es?

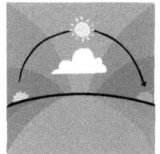

day

Tag

time

Zit

now

jetzt

digital watch

Digitaluhr

minute

Minute

hour

Stunde

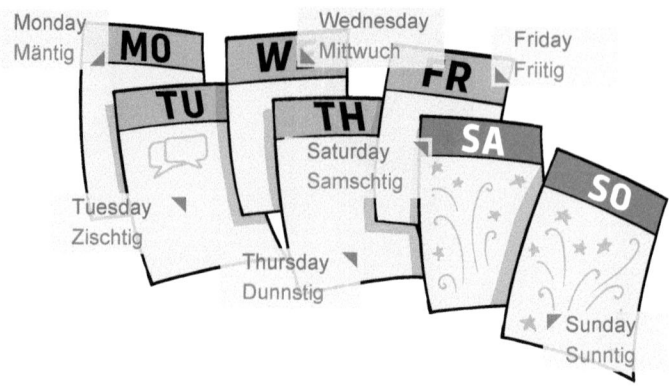

Monday
Mäntig

Wednesday
Mittwuch

Friday
Friitig

Tuesday
Zischtig

Saturday
Samschtig

Thursday
Dunnstig

Sunday
Sunntig

yesterday

geschter

today

hüt

tomorrow

morn

morning

Morgä

noon

Mittag

evening

Aabig

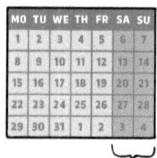

business days

Wärktag

weekend

Wuchenänd

year
Johr

rain
Räge
spring
Früelig
summer
Summer
wind
Wind
autumn
Herbscht
snow
Schnee
winter
Winter

4.APRIL 11°
5.APRIL 4°
6.APRIL 13°
7.APRIL 8°
8.APRIL 10°

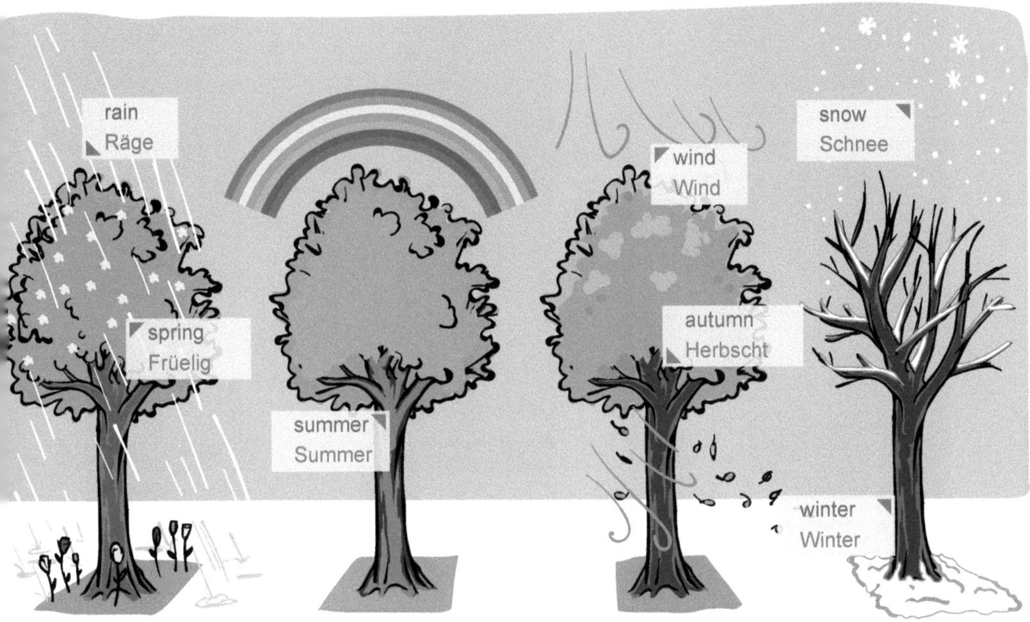

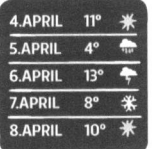

weather forecast

Wättervorhärsag

F C
120 40
90 30
60 20
30 10
0 0
-30 -10
-20

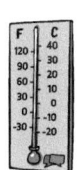

thermometer

Thermometer

sunshine

Sunneschiin

cloud

Wolkä

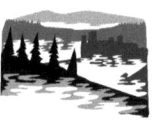

fog

Näbel

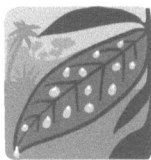

humidity

Fiechtigkeit

lightning

Blitz

thunder

Dunner

storm

Sturm

hail

Hagel

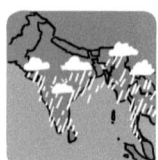

monsoon

Monsun

flood

Fluet

ice

Iis

January

Januar

February

Februar

March

März

April

April

May

Mai

June

Juni

July

Juli

August

Auguscht

September
....
Septämber

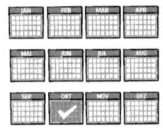

October
....
Oktober

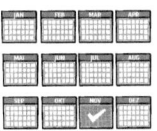

November
....
Novämber

December
....
Dezämber

shapes

Forme

circle
....
Kreis

square
....
Quadrat

rectangle
....
Rächteck

triangle
....
Dreieck

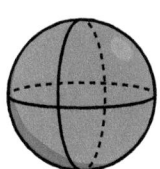

sphere
....
Chugele

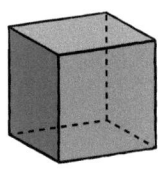

cube
....
Würfel

white
....
wiss

yellow
....
gäl

orange
....
orange

pink
....
pink

red
....
rot

purple
....
liila

blue
....
blau

green
....
grüen

brown
....
bruun

grey
....
grau

black
....
schwarz

a lot / a little

viel / wenig

angry / calm

hässig / ruhig

beautiful / ugly

hübsch / hässlich

beginning / end

Ahfang / Ändi

big / small

gross / chli

bright / dark

hell / dunkel

brother / sister

Brüeder / Schwöschter

clean / dirty

suuber / dräckig

complete / incomplete

vollständig / unvollständig

day / night

Tag / Nacht

dead / alive

tot / läbig

wide / narrow

breit / schmal

edible / inedible

ässbar / nid ässbar

evil / kind

bös / fründlich

excited / bored

uffreggt / glangwilt

fat / thin

dick / dünn

first / last

zerscht / zletscht

friend / enemy

Fründ / Find

full / empty

voll / läär

hard / soft

hart / weich

heavy / light

schwer / liecht

hunger / thirst

Hunger / Durscht

ill / healthy

chrank / gsund

illegal / legal

illegal / legal

intelligent / stupid

intelligänt / gatz

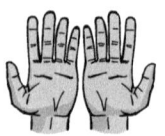

left / right

links / rächts

near / far

nöch / wiit weg

new / used

neu / bruucht

nothing / something

nüt / öpis

old / young

alt / jung

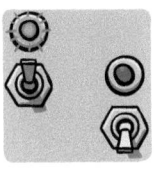

on / off

ah / uss

open / closed

offe / zue

quiet / loud

lislig / luut

rich / poor

riich / arm

right / wrong

richtig / falsch

rough / smooth

rau / glatt

sad / happy

truurig / glücklich

short / long

churz / lang

slow / fast

langsam / schnäll

wet / dry

nass / trochä

warm / cool

warm / chalt

war / peace

Chrieg / Friede

0	1	2
zero	one	two
Null	eis	zwei

3	4	5
three	four	five
drü	vier	foif

6	7	8
six	seven	eight
sächs	sibe	acht

9	10	11
nine	ten	eleven
nün	zäh	elf

12

twelve
zwölf

13

thirteen
drizäh

14

fourteen
vierzäh

15

fifteen
füfzäh

16

sixteen
sächzäh

17

seventeen
siebzäh

18

eighteen
achtzäh

19

nineteen
nünzäh

20

twenty
zwänzg

100

hundred
Hundert

1.000

thousand
Tuusig

1.000.000

million
Million

English

Änglisch

American English

Amerikanischs Änglisch

Chinese Mandarin

Chinesisch Mandarin

Hindi

Hindi

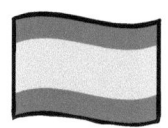

Spanish

Spanisch

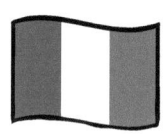

French

Französisch

Arabic

Arabisch

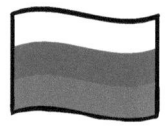

Russian

Russisch

Portuguese

Portugiesisch

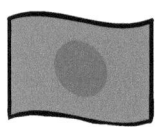

Bengali

Bengalisch

German

Dütsch

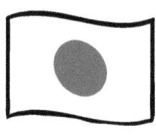

Japanese

Japanisch

I

ich

you

du

he / she / it

är / sie / es

we

mir

you

ihr

they

sie

who?

wär?

what?

was?

how?

wie?

where?

wo?

when?

wänn?

name

Name

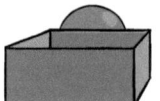

behind

hinder

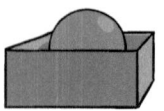

in

in

in front of

vor

over

über

on

uf

under

under

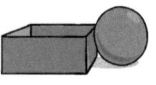

beside

näbe

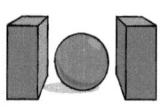

between

zwüsche

place

Ort